Costruisci la tua comunità per il successo

Contenuti

I premi hanno il potenziale per essere un potente strumento per nutrire una comunità man mano che cresce, ma non tutti i premi sono creati allo stesso modo per coloro che promuovono le comunità. Devi essere consapevole delle due diverse forme di incentivi. Gli incentivi intrinseci vengono prima di tutto. Questa tecnica convalida gli sforzi dei tuoi membri senza inviare qualcosa di tangibile, invece di inviare un prodotto reale. Ciò può essere fatto fornendo e-mail di ringraziamento, accesso a materiale VIP, menzioni pubbliche, ecc. È meno probabile che i membri contribuiscano solo allo scopo di ricevere premi in questo tipo di struttura di ricompensa. I benefici estrinseci sono i secondi. In questo scenario, fornisci ai membri della tua comunità oggetti tangibili come gadget e altre cose.

Un'azienda di successo è quella che guadagna entrate sufficienti per realizzare un profitto ogni anno, per dirla semplicemente. Tuttavia, la creazione di una comunità di supporto attorno al proprio marchio, servizio o azienda è una tattica spesso utile se gli imprenditori desiderano mantenere tale successo nel tempo. Ciò incoraggia la lealtà e l'entusiasmo dei fan offrendo ai tuoi consumatori uno spazio per comunicare con te, il tuo staff e altri clienti.

Ma creare un ambiente favorevole per la tua azienda richiede impegno e una strategia ben ponderata; non succede dall'oggi al domani. Dieci membri del Consiglio dei giovani imprenditori offrono i loro migliori consigli sullo sviluppo della comunità per assistere.

Come si crea una nuova comunità?

Di recente ho offerto sei lezioni chiave su questo argomento. Ma sono consapevole dei tuoi veri desideri: una procedura semplice. Come si crea esattamente una comunità? Come hai intenzione di avviarlo? Quali sono le procedure?

Ho scelto di offrire il mio metodo per creare nuove community da zero perché ricevo spesso questa domanda.

Questi passaggi sono stati utilizzati in ogni comunità di successo che ho avviato. Ho scoperto che, che ne fossero consapevoli o meno, anche la maggior parte degli enormi gruppi che vedete oggi hanno utilizzato queste 10 fasi per sviluppare la comunità.

IL BISOGNO DI COMUNITÀ

Per quanto riguarda noi personalmente, i nostri interessi sociali e il benessere generale sono fortemente influenzati dal nostro senso di comunità. Un gruppo di persone che condividono interessi comuni può essere piuttosto forte. Un proverbio comune recita: "Ci vuole un villaggio per crescere un bambino". Se il suddetto "bambino" fosse un marchio, un hobby o un'organizzazione, il suo valore deriverebbe dalla comunità che ha coltivato attorno a sé tanto quanto dal prodotto stesso. Oggi, qualsiasi prodotto, passione o attività può beneficiare enormemente di questa comunità.

La comunità in un contesto aziendale può essere composta da clienti, clienti e influencer. Si parla molto di "Influencer Marketing" in questo momento.

Come funzionano le comunità?

Le persone si riuniscono in comunità per scambiarsi informazioni, esperienze e storie. Di conseguenza, si sentono più legati a coloro che condividono i loro hobby o le loro passioni.

Potresti già far parte di una community, sia online che offline. Ma perché è così unico?

Coinvolgere i tuoi clienti o altre parti interessate nel significato più profondo dietro il tuo marchio è il suo principale vantaggio. Creando un ambiente in cui gli individui possono contribuire con i propri pensieri, esperienze e conoscenze, la comunità aiuta in questo. Ti consente inoltre di rendere il tuo marchio più di un semplice prodotto o servizio, consentendo ai tuoi consumatori di supportare l'essenza della tua azienda.

Quran Julie Wang su come rendere più felici i luoghi di lavoro

Quran Julie Wang, un avvocato per i diritti civili e il libro più venduto del New York Times, discute di come pensa che i luoghi di lavoro potrebbero fare un lavoro migliore nel promuovere il piacere.

La capacità di un'organizzazione di prosperare e raggiungere i propri obiettivi può essere notevolmente influenzata dalla cultura del posto di lavoro. Inoltre, molti manager scelgono di andare oltre il miglioramento della cultura del posto di lavoro e promuovono invece un senso di comunità che incoraggia un maggiore coinvolgimento dei dipendenti. La revisione dei metodi per raggiungere questo obiettivo può essere utile per te se sei un manager alla ricerca di modi per aiutare i membri del team a sviluppare relazioni più sostanziali sul lavoro. Questo articolo spiega come promuovere un senso di comunità sul posto di lavoro e perché è fondamentale farlo.

Cos'è una comunità online?

Le comunità online sono semplicemente aree in cui le persone interagiscono tra loro. Le comunità online sono spesso sviluppate attorno a valori, credenze o obiettivi condivisi.

Gli obiettivi della tua azienda determineranno il tipo di comunità che creerai. Per i partecipanti a un fitness programmato per condividere conoscenze ed esperienze di trasformazione, una community per un istruttore di fitness potrebbe assomigliare a un gruppo Facebook personale. Per un fotografo, può essere un'area pubblica in cui migliaia di persone si riuniscono, scambiano risorse e commentano le foto degli altri.

Le comunità online, indipendentemente dalla piattaforma che utilizzi, sono un approccio efficace per incoraggiare connessioni profonde tra i tuoi follower poiché offrono al tuo pubblico la possibilità di:

Crea un dipartimento per le operazioni della comunità all'interno del tuo team

I compiti di un responsabile delle operazioni della comunità includono la gestione, il monitoraggio e l'analisi delle informazioni sull'intero effetto aziendale della tua azienda. Gli esperti delle operazioni della comunità dovrebbero cercare continuamente modi per migliorare le procedure, gli stack tecnologici e le piattaforme dal punto di vista sia dei membri della comunità che del team della comunità. Si può affermare che un community manager lavora sul front-end della community, fornendo contenuti, moderando discussioni, ecc. in termini di marketing o sviluppo. Lo specialista delle operazioni della comunità sta lavorando dietro le quinte per garantire la qualità dei dati, l'integrità, la coerenza, le metriche, lo stack tecnologico, le piattaforme e che funzionino tutti insieme e in modo indipendente.

Crea uno spazio aperto alla connessione tra le persone

Sebbene la parola "comunità" sia usata frequentemente in questi giorni, una cosa è certa: se non stai creando legami profondi tra i tuoi follower, non hai una comunità, hai un pubblico. È fondamentale promuovere una comunicazione aperta tra i tuoi membri e promuovere una discussione aperta che non sia necessariamente incentrata su di te o sulla tua azienda che stabilisce l'ordine del giorno. Tieni anche presente che una comunità è fondamentalmente un desiderio umano poiché gli individui vogliono naturalmente appartenere e si sentono come se appartenessero. Ricorda regolarmente alla tua comunità quanto sono amati. Tieni presente che nulla può sostituire un incontro faccia a faccia. Le comunità online fungono da luoghi fantastici per scambiare idee e fare nuove conoscenze.

La condivisione di un interesse comune è fondamentale per ciò che è la comunità. Alla fine, il fascino si trasforma nell'applicabilità alle circostanze uniche di ogni persona e dell'organizzatore. La pertinenza crea una connessione e un interesse condiviso tra le parti. Offre un punto focale che parla a un bisogno o desiderio diffuso e universale.

L'entusiasmo individuale è insufficiente. Anche se qualcuno può essere interessato a un certo argomento, se non ne è entusiasta, potrebbe essere difficile mantenere quell'interesse nel tempo. Qualcuno ha la capacità di fare una differenza sostanziale, anche se è entusiasta di un particolare interesse? La competenza non è la stessa cosa dell'interesse.

Maggiore fidelizzazione e supporto del cliente

Nel tempo, quando i tuoi membri interagiscono con te, svilupperanno un legame più forte con il tuo marchio. I clienti diventano più devoti alla tua azienda quando sentono un sentimento di appartenenza alle comunità. Ciò è dovuto al fatto che i partecipanti hanno l'opportunità di partecipare e aggiungere le loro esperienze, pensieri e intuizioni alla conversazione.

I membri inizieranno a sentire di avere una quota di proprietà nella comunità e che è loro dovere far sì che abbia successo quando ciò si verifica più frequentemente nel tempo. Ciò può comportare che più persone promuovano il tuo bene o servizio, il che aiuta a spargere la voce su ciò che fai.

Perché è fondamentale promuovere un senso di comunità sul lavoro?

Affinché tutti gli stakeholder interni all'interno di una struttura organizzativa possano collaborare in modo efficiente e sentirsi sicuri delle rispettive responsabilità, è fondamentale promuovere la comunità sul posto di lavoro. I livelli di fiducia, rispetto, empatia e collaborazione tra i dipendenti sono spesso maggiori nei luoghi di lavoro che stabiliscono con successo la comunità. Seguendo questi principi fondamentali, i seguenti sono alcuni vantaggi particolari che possono derivare dalla costruzione di una comunità sul posto di lavoro:

Sistemi di supporto: i lavoratori che sentono di appartenere a una comunità possono essere più interessati al successo e al benessere dei loro colleghi. Di conseguenza, in un contesto del genere, i professionisti potrebbero avere accesso a un livello più elevato di supporto reciproco, il che potrebbe ridurre i loro livelli di stress e aumentare la loro produttività.

I vantaggi di una comunità di apprendimento

I principali vantaggi delle comunità di apprendimento sono:

Apprendimento sociale : gli studenti possono apprendere nelle comunità assistendo gli altri e ponendo domande.

Risposte più rapide : nelle comunità, le domande vengono affrontate più rapidamente senza attendere la risposta di un istruttore.

Idee per la creazione di corsi : i nostri migliori progettisti di corsi prestano molta attenzione a qualsiasi domanda o difficoltà che gli studenti possano avere. Fanno uso di questi dati per generare nuovi materiali didattici o altre offerte anticipando le richieste dei propri studenti.

Apprendimento basato sulla coorte : l'apprendimento di coorte favorisce il senso di comunità desiderato tra gli studenti, migliorando al contempo il rendimento scolastico. I membri traggono vantaggio da una solida rete di alleati e da una maggiore responsabilità.

ORGANIZZAZIONI DI COMUNITÀ: COME ATTRIBUIRE IL CAMBIAMENTO?

A seconda di dove lavori e dei tuoi obiettivi individuali, esistono molti metodi diversi per organizzare la tua comunità. Ognuna delle sezioni specifiche della strategia che seguono questa include istruzioni più approfondite su come fare.

Tuttavia, indipendentemente da quali possano essere i tuoi obiettivi finali, alcuni fondamenti rimangono essenzialmente gli stessi. Pertanto, quanto segue è solo un ampio riassunto per incoraggiarvi a considerare l'essenziale.

Devi prima di tutto includere le persone nelle tue attività di costruzione della comunità. È qui che inizia l'organizzazione della comunità. Puoi farlo in vari modi, anche attraverso colloqui casuali, sollecitazioni porta a porta e l'uso di tecniche di reclutamento più ufficiali.

Creare comunità come uomo d'affari

Senza assistenza esterna, gli uomini d'affari impegnati possono ignorare completamente le proprie esigenze. Inoltre, senza connessione a una base di fan, un marchio rischia di perdere di vista il suo scopo.

Per un imprenditore, la comunità può riguardare due cose:

un team di colleghi affidabili, parenti, familiari o altri proprietari di società che offrono supporto, critiche e suggerimenti per far funzionare bene la tua attività.

un gruppo di sostenitori e clienti del marchio che sono legati online da un interesse comune.

La comunità di entrambi i tipi è essenziale per il successo di un imprenditore. Avere un focus e un punto di vista esterno potrebbe aiutare il primo gruppo a rimanere in contatto con il mondo esterno. I tuoi amici intimi e parenti possono fornirti critiche sincere senza essere fidanzati.

L'uso di GIF, emoticon, immagini di citazioni e meme, tutti elementi che costituiscono il vocabolario dello spazio dei social media, è una tecnica a volte ignorata per creare una comunità. Il tuo materiale diventa più interessante, riconoscibile e condivisibile se gestito in modo appropriato e il tuo marchio diventa più accattivante. Ultimo ma non meno importante, i fan si sentono speciali quando offri loro promozioni esclusive. Premiandoli per la loro dedizione e coinvolgimento, esprimi la tua preoccupazione per questa comunità. Questo è un fantastico esempio di come rafforzare positivamente il comportamento e quasi sempre si traduce in una migliore affinità con il marchio e nella continua fidelizzazione del cliente.

Puoi elencare le tattiche di coinvolgimento della comunità che hanno avuto successo per te o alcuni successi che hai avuto mentre lavoravi per The Alliance? Come ho appena detto, il contenuto è sempre stato e continuerà ad essere una componente significativa di quell'aspetto di coinvolgimento. Per alcuni retroscena, diciamo che per circa sei mesi dopo l'introduzione della nostra comunità iniziale, Product Marketing Alliance, non abbiamo fornito alcun articolo a pagamento. Per garantire che quando avessimo quei beni pagati, le persone avrebbero avuto quella fiducia e rispetto per noi, tutto ciò che abbiamo fatto è stato fornire gratuitamente blog, rapporti, podcast, white paper e webinar.

Vantaggi di una community nel B2B Le community online facilitano e promuovono l'interazione tra i tuoi consumatori e la tua azienda. La tua azienda ne trarrà vantaggio in vari modi, tra cui la riduzione dei ticket di supporto, una maggiore fidelizzazione dei clienti e la capacità di generare nuove idee di prodotto. Prendiamo come esempio il fornitore di software B2B Infoland. Coinvolgendo la loro comunità, sono stati in grado di migliorare in modo significativo il servizio clienti e deviare uno sbalorditivo 40% delle loro richieste di assistenza.

Quindi, hai pensato di creare una tua community? Ecco i nostri primi dieci suggerimenti per iniziare.

Quanto tempo è necessario per questo?

Tutto è predisposto per adattarsi alla tua situazione. Vogliamo che il tuo tempo nella comunità valga la pena in termini di relazioni che crei, lezioni che impari e denaro che la tua attività guadagnerà di conseguenza.

Quando ti iscrivi inizialmente, ti consigliamo di bloccare alcune ore ogni settimana per leggere le informazioni. Puoi farlo da solo o attraverso un'esperienza di apprendimento dal vivo. Dopo le prime quattro settimane, parlerai la nostra lingua e sarai in grado di capire come trarre vantaggio dalla community e dalle attività man mano che si svolgono.

A lungo termine, anche durante periodi frenetici, consigliamo di partecipare al nostro evento di pianificazione stagionale quattro volte l'anno, visitando l'orario di ufficio una volta al mese.

Se stai cercando di fare la differenza nel mondo , sai che è una battaglia senza fine, che potrebbe logorarti anche quando il tuo lavoro è gratificante e incoraggiante. Potresti aver bisogno di un po' di tempo per fare un passo indietro, rilassarti e riprendere fiato in uno spazio in cui puoi distenderti e guardare lontano.

Abbiamo creato il programmatore residente Windfall in risposta a questo. È servito come rifugio di ringiovanimento e ritiro per coloro che lavorano per il cambiamento sociale dal 1989. Il nostro obiettivo principale è rispettare e sostenere le persone che dedicano il loro tempo e i loro sforzi al raggiungimento di una società più equa. Se hai lavorato sodo e hai bisogno di fare un passo indietro per valutare

È più semplice di quanto immagini creare una forte community di brand.

Queste fantastiche community di brand hanno tutte la caratteristica di essere consapevoli delle preoccupazioni del loro pubblico target. Queste 8 aziende hanno creato una comunità incentrata sull'aiutare i propri consumatori a vivere quegli ideali attraverso un'esperienza completa e appagante del marchio con questa conoscenza al timone.

Le più grandi community di brand del mondo danno ai loro membri le risorse per includere altre persone che la pensano allo stesso modo nella storia del brand, l'ispirazione per tenerli coinvolti e il potere di diffondere l'amore il più lontano possibile, sia attraverso ricompense, eventi speciali, contenuti generati dagli utenti come newsletter o sostenitori del marchio.

Non c'è comunità molto più grande di quella!

Renditi disponibile, consiglia Heather Nix, direttrice del marketing. Avere una connessione diretta alla tua comunità e ai consumatori ti offre un vantaggio rispetto alle aziende più consolidate mentre sei appena all'inizio. Racconta una narrativa del marchio pertinente e metti la tua faccia davanti alla tua azienda.

Potresti svolgere una serie di responsabilità come proprietario di una piccola azienda, come fornire un servizio clienti e fornire supporto sociale. Tieni presente che i tuoi primi sostenitori del marchio sono fondamentali per lo sviluppo della tua comunità. La community manager Molly Milosevic consiglia alle aziende di prendersi il tempo per conoscere i propri fan sui social media e scoprire cos'altro potrebbero aver bisogno da loro oltre al loro prodotto.

interpersonali e le esperienze dei clienti. Servono principalmente come forum per lo scambio di conoscenze tra le persone. I clienti possono avere domande o problemi a cui i locali della comunità possono rispondere, quindi questo è particolarmente utile per le aziende che forniscono beni complicati e servizi distintivi.

Inoltre, le comunità Internet forniscono alle aziende input utili. I brand manager possono ottenere informazioni preziose sulle preferenze dei clienti impegnandosi regolarmente con la comunità e chiedendo feedback per informare le scelte strategiche che migliorano le esperienze.

Un senso di appartenenza può essere trovato anche nei gruppi online. I clienti spesso si sentono più legati all'azienda e ai suoi ideali quando partecipano, il che aumenta la lealtà e la felicità.

Se la tua azienda si occupa di un argomento delicato o controverso, dovresti affrontarlo con calma rimuovendo le barriere di cattiva comunicazione e ispirando i dipendenti a essere ricettivi a nuove idee e opinioni.

In questo consiste la missione del quotidiano come piattaforma per la comunità religiosa. Esistono credenze religiose contrastanti tra le persone, anche all'interno della stessa religione, che possono provocare dibattiti tesi e problemi di comunicazione più profondi. Tuttavia, il sito Web offre agli utenti la possibilità di condividere in modo costruttivo le proprie convinzioni e opinioni religiose tra loro in modo che tutti possano avere una migliore comprensione delle varie religioni.

Quale sarebbe il tuo miglior consiglio per coloro che cercano di formare una comunità? Sii tollerante. Non avverrà immediatamente. Non avrà luogo entro pochi mesi. Ci vorrà del tempo per completare. All'inizio può sembrare scoraggiante. Potrebbe sembrare che tu stia parlando al nulla quando stai tentando di aumentare il coinvolgimento della comunità. La maggior parte delle persone probabilmente smette di pensarci a quel punto poiché crede che sia una perdita di tempo e non ne trarrà beneficio. Ma se non lo segui durante i primi mesi, non costruirai mai una società autosufficiente.

Utilizzare efficaci tecniche di costruzione della comunità

Costruire una strategia di community di successo richiede tre componenti chiave: aumentare il traffico, promuovere la produzione di contenuti e attivare nuovi utenti. Includere collegamenti alla tua community sul tuo sito Web, nelle newsletter via e-mail e sui social media può aumentare il traffico e incoraggiare gli utenti a iscriversi. Scarica il nostro eBook gratuito sulle integrazioni cruciali della community per ulteriori consigli su come aumentare il traffico verso la tua community. Infine, migliorare la SEO dei contenuti della tua community aumenterà in modo significativo la quantità di scoperta organica dei consumatori.

Ci sono possibili sovvenzioni perché non posso permettermelo?

SÌ! Ti invitiamo a presentare una domanda per una borsa di studio se stai sviluppando un'azienda comunitaria, ma il prezzo di iscrizione completo è un ostacolo per qualsiasi motivo.

Ne esistono di due varietà:

L'altro ha lo scopo di aumentare la diversità nella nostra coorte incoraggiando le persone di colore, quelle al di fuori dello spettro di genere binario e altre persone sottorappresentate nell'imprenditorialità a unirsi a noi. La prima borsa di studio è basata sui bisogni e ha lo scopo di assistere chiunque abbia necessità finanziarie per partecipare, compresi coloro che vivono in una regione del mondo con un potere d'acquisto inferiore.

Una volta che ti è stato dato il permesso di unirti a BACB, potrai presentare una domanda per una borsa di studio.

Concentrare la mente

Hai mai avuto problemi a concentrare i tuoi sforzi su ciò che è importante?

Il valore che ogni singolo membro della tua comunità riceve dall'essere parte di una vivace rete di persone che si uniscono per padroneggiare qualcosa di affascinante o importante, insieme, può essere generato creando una comunità online. Questo valore è magico, afferma la vita, afferma il marchio e afferma la passione.

In un mondo pieno di infiniti diversivi in cui nessuno ha il tempo di imparare qualcosa di nuovo, questa concentrazione è meravigliosa.

Pianifica i tuoi obiettivi.

Devi prima avere una chiara comprensione dei tuoi obiettivi prima di poter sviluppare un piano di marketing. Costruire una comunità online non è diverso da questo. Alcune persone potrebbero presumere che creare una comunità sia davvero semplice. La pianificazione è essenziale, tuttavia, o rischi di avere una comunità che è disimpegnata e non ottiene risultati effettivi.

Sii il più dettagliato possibile quando imposti i tuoi obiettivi. Questo ti aiuterà a capire cosa devi realizzare come azienda e il tipo di materiale e attività che devi produrre per i tuoi membri.

Tra gli obiettivi da tenere in considerazione ci sono lo sviluppo di relazioni sincere, la sensibilizzazione, l'assistenza agli utenti con il prodotto, l'ottenimento di feedback, l'aumento delle valutazioni di soddisfazione del cliente, l'aumento delle vendite, ecc.

Le esigenze dei tuoi utenti .

Quando crei una community online, fai attenzione a tenere conto delle esigenze degli utenti e dei motivi per cui la tua organizzazione ne ha bisogno.

Cosa cercano gli individui quando entrano a far parte di una comunità? Quali sono le loro prospettive? Il contatto potrebbe essere stimolato dal bisogno di compagnia, informazioni privilegiate o soluzioni a un problema.

Il segreto del suo successo è costruire una comunità che appartenga ai tuoi utenti, non a te. Mentre ne trarrai vantaggio, per avere successo, i tuoi utenti e le loro esigenze devono venire prima di tutto. Puoi, tuttavia, combinare i tuoi obiettivi organizzativi con ciò che i tuoi consumatori troveranno utile.

Comunità online gratuite

Esistono piattaforme "gratuite" come Facebook e Twitter che forniscono aspetti di una comunità, ma utilizzarle presenta vantaggi e svantaggi.

La sua disponibilità per i consumatori senza alcun costo e con un pubblico esistente è un vantaggio significativo. In altre parole, fintanto che fai la ricerca per determinare chi su questa piattaforma vuoi raggiungere, puoi creare un account, sviluppare contenuti e distribuirli gratuitamente ai tuoi follower.

Lo svantaggio, tuttavia, è che in realtà non "possiedi" la tua comunità e sei quindi soggetto alle scelte fatte da queste aziende su come la piattaforma distribuisce il tuo materiale agli altri. L'algoritmo del contenuto cambia proprio quando hai padroneggiato la piattaforma su cui fa affidamento la tua comunità.

Introdurre il pubblico alla cultura aziendale

Estendere i tuoi valori e la tua cultura alle persone che dovrebbero trarre vantaggio dal tuo prodotto - le persone che desideri servire - è uno degli obiettivi della creazione di una comunità attorno al tuo marchio.

Chiedi a Holly come viene creata una società di consulenza da Holly Howard che offre agli imprenditori le risorse di cui hanno bisogno per espandersi pur aderendo alla loro missione. Si avvicina alla consulenza da una prospettiva culturale e, quando considera la comunità, utilizza il seguente confronto.

"Vogliamo vedere la cultura aziendale come il terreno [...] Serve come base, tutto il sostentamento e la fonte di stabilità, secondo Holly.

Una comunità ha bisogno di cambiare e migliorare.

Non si può "impostare e dimenticare" una comunità. Ci sono momenti in cui il tuo programma ha bisogno di categorie aggiuntive o anche di una nuova funzionalità. È fondamentale cambiare con la tua comunità se vuoi mantenere le cose eccitanti e divertenti per tutti. Per i membri più anziani, puoi offrire più livelli, badge o categorie di nicchia. Potresti elevare persone affidabili a una posizione di leadership.

Tu e la tua azienda dovreste essere sulla strada del successo se seguite la seguente ricetta. Hai altri consigli per il successo? Commentali per condividerli!

Vuoi produrre contenuti, non dialoghi.
Puoi utilizzare i nuovi racconti, concetti ed esperienze che raccogli dalla creazione di una comunità online nel tuo blog, attività di marketing dei contenuti, newsletter settimanali via e-mail, creazione di libri o corsi online. In realtà, una community semplifica la scrittura per te stesso poiché ti fornisce più contenuti.

Costruire una comunità online, tuttavia, potrebbe non fornirti la stessa energia, eccitazione o ispirazione che offre ad altri artisti se ritieni che la scrittura sia il tuo posto più felice (seguito dal conteggio dei tassi di apertura o delle visualizzazioni di pagina). Dopotutto, una community implica molto di più del semplice pubblicare.

Per la tua comunità online, seleziona una piattaforma.

Hai bisogno di un luogo in cui riunire la tua comunità online. Ci sono diversi approcci che puoi adottare qui. Creare un gruppo su un sito di social media esistente è la prima opzione. La scelta più tipica è quella di avviare un gruppo Face book.

Poiché molti dei tuoi clienti utilizzano già questi social network e sono semplici da usare, questo è il percorso più semplice.

Un'altra scelta è quella di avviare il proprio forum. Questo forum può essere una sezione del tuo sito web o un sito web separato. Il fatto di avere un maggiore controllo su analisi, dati e membri è un vantaggio di questo approccio. Tuttavia, poiché non fa parte di una nota piattaforma di social media, è necessario pubblicizzarlo di più.

Problemi relativi alla piattaforma

Usabilità: gli strumenti semplici da usare hanno maggiori probabilità di essere utilizzati. Assicurati che la tua piattaforma sia accessibile da un dispositivo mobile, abbia una navigazione semplice e sia semplice accedere.

Prezzo accessibile: molti potenti strumenti della community sono a pagamento, anche se il tuo obiettivo è rendere il gruppo gratuito per i membri. Pensa a uno strumento che abbia un costo entry-level ragionevole, che non intacchi le tue entrate e che possa adattarsi alla tua azienda man mano che si espande.

Allineamento degli obiettivi: dopo aver passato un po' di tempo a esaminare la logica alla base dell'esistenza del tuo gruppo, devi avere un'idea solida delle caratteristiche che ti consentiranno di raggiungere i tuoi obiettivi.

Piattaforme della community di tua proprietà

La piattaforma di proprietà, come un forum della comunità, viene dopo. Tutti i vantaggi di una piattaforma di social media sono disponibili in questo spazio, controllato dall'azienda. Tuttavia, hai molto più controllo e libertà su come interagire con i tuoi utenti. Puoi controllare una community di proprietà, ad esempio, se avvii un blog o un sito Web con un forum o un'area di commento per i tuoi visitatori.

Una comunità di proprietà presenta vantaggi e svantaggi, proprio come le comunità libere. Questa volta, iniziamo con lo svantaggio: dal punto di vista del pubblico, inizi da zero. Le community di proprietà ti offrono un maggiore controllo sulla messaggistica per la tua azienda, ma prima che i clienti vengano a conoscenza della tua community,

Coinvolgi il tuo personale nella promozione di un senso di comunità e cultura

Senza coinvolgere il tuo staff, è impossibile far crescere la tua cultura aziendale. Sarà difficile comunicare la cultura della tua azienda a un pubblico se i tuoi dipendenti non accettano.

"La comunità esterna e la cultura aziendale interna dovrebbero riflettersi a vicenda [...] I dipendenti, a mio avviso, non possono fornire un'esperienza che non hanno avuto loro stessi. Pertanto, dobbiamo assicurarci di offrire la stessa esperienza internamente se vogliamo stanno vendendo questa esperienza alla nostra comunità, afferma Holly Howard.

Kelly Phillips, co-fondatrice del collettivo di ristoranti Destination Unknown, sostiene l'idea di costruire una fantastica cultura interna che contribuisca alla tua comunità esterna cambiando attivamente la cultura dei lavoratori dei servizi nei suoi stabilimenti.

La fase successiva è costruire un piano fondamentale su come produrre il valore che cerchi dopo averlo definito. Devi sviluppare una strategia fondamentale che delinei come coinvolgere i membri, quali argomenti enfatizzare, come imparare e migliorare dalle molte attività che farai. Tuttavia, qualsiasi strategia o piano deve essere rapido e facile da implementare. Anche se devi essere realistico e scegliere azioni successive urgenti che ti aiuteranno a verificare la tua ipotesi e promuovere la comunità, devi tenere d'occhio il quadro generale (la visione generale).

Una brand community: che cos'è?

Una comunità di marca è, per dirla semplicemente, l'epitome della fedeltà alla marca. Le persone emotivamente coinvolte nella tua attività acquisteranno da te, leggeranno il tuo materiale, diffonderanno la voce su di te ai loro amici e familiari e altro ancora.

Tuttavia, la brand awareness non è la stessa cosa di una brand community.

Qualcuno non è automaticamente un membro di una community di brand impegnata o addirittura coinvolgente solo perché è a conoscenza del tuo brand o ha effettuato un acquisto da esso.

Invece, la community del tuo marchio è composta da persone a cui piace guardare tutto ciò che fa il tuo marchio, che condividono i tuoi prodotti/servizi e contenuti con gli altri e che seguono tutto il tuo materiale sui social media.

Fornisci una piattaforma per la tua comunità

Avrai bisogno di una piattaforma in cui trasmettere il tuo messaggio e di un luogo in cui la tua comunità possa riunirsi, comunicare e interagire sia con la tua startup che tra di loro mentre stabilisci la tua comunità di pre-lancio.

I social ne sono un chiaro esempio. Per qualsiasi startup, sviluppare una forte presenza sui social media è essenziale. Questo potrebbe essere un punto vendita di social media specifico per il marchio , oppure potresti iniziare a coltivare la tua comunità sui tuoi account di social media personali.

Potrebbero essere utilizzate le seguenti piattaforme di social media: gruppi di Facebook, Reedit e subedits, Integra, Interest, Twitter e YouTube. Ma non tutte le piattaforme di social network sono uguali. Ad esempio, l'interesse potrebbe non essere l'ideale se la tua attività è focalizzata principalmente sui ragazzi.

Le convenzioni variano a seconda del pubblico.

Potrebbero esserci anche usanze particolari per un pubblico particolare, il che serve solo a complicare ulteriormente le questioni.

Un candidato recente ha affermato che il coinvolgimento è drasticamente diminuito dopo il passaggio da Discourse alla piattaforma della forza vendita collegata. Invece, gli sviluppatori avevano iniziato a utilizzare un canale Slack ospitato dai membri.

Perché è successo?

Discourse fornisce funzionalità che gli sviluppatori preferiscono e con cui hanno più familiarità poiché è migliore per gli sviluppatori. Gli sviluppatori utilizzano spesso Discourse e questa pratica è comunemente accettata. Le inclinazioni naturali sono in genere più forti delle tue, quindi è probabile che tu perda.

Analogamente, di recente ho dissuaso uno sviluppatore di giochi dal creare un forum in cui i giocatori potessero riunirsi e parlare. Detto semplicemente, i giocatori non si riuniscono più lì. A loro piacciono Reedit, Discord e altri luoghi.

Trova un obiettivo su cui tutti i membri possano essere d'accordo.
Il primo passo per creare un coinvolgimento per tutto l'anno è definire uno scopo che suoni vero ogni giorno dell'anno.

Il chief product officer di Notified, Allie Magyar, ha iniziato come meeting planner. Ha quindi fondato la sua società di tecnologia per eventi e ha collaborato con Notified. Ha dichiarato in un recente webinar ospitato in collaborazione con l'American Marketing Association: "In qualità di esperti di marketing, siamo spesso intrappolati in una via di mezzo tra ciò che la nostra azienda vuole comunicare e ciò a cui i clienti sono veramente interessati". si intersecano".

Prima di provare a trovare l'intersezione delle due autostrade, esamina i numerosi membri del pubblico seduti al volante.

Una comunità di marca esiste a beneficio dei suoi membri.

I manager spesso trascurano il fatto che i clienti sono persone autentiche con esigenze, interessi e obblighi diversi. Invece di generare entrate, un marchio basato sulla comunità sviluppa la fedeltà dei clienti aiutandoli a soddisfare le loro esigenze. Contrariamente a quanto crederebbero gli esperti di marketing, tuttavia, i requisiti che le comunità di marca possono soddisfare vanno oltre la semplice assunzione di un nuovo personaggio o il raggiungimento del prestigio attraverso l'identificazione del marchio. Le persone si uniscono alle comunità per una serie di motivi, tra cui lo sviluppo di interessi e abilità, ottenere supporto emotivo e incoraggiamento e cercare metodi per aiutare il bene più grande. Le brand community sono uno strumento per i membri, non un obiettivo in sé e per sé.

Perché la comunità sul posto di lavoro è importante?

Di cosa si tratta quando il mio team sembra abbastanza soddisfatto e siamo in orario per raggiungere i nostri obiettivi? È un'ottima domanda. In superficie, le cose potrebbero sembrare a posto, ma scavando un po' più a fondo, spesso la situazione è molto diversa. Ancora di più nei team ibridi in cui i display dei computer possono fungere da impedimento alla promozione delle comunità sul posto di lavoro.

Un terzo dei lavoratori statunitensi afferma di provare un senso di vuoto o alienazione sul lavoro, secondo lo studio Cigna. Il sondaggio fornisce informazioni su come la solitudine colpisce le imprese. La linea di fondo è gravemente influenzata dalla diminuzione della produttività, dall'aumento delle malattie, dall'assenteismo e dal turnover. La conclusione del rapporto recita: "Se possiamo iniziare a interagire con le persone al lavoro con maggior successo.

Incoraggiare la partecipazione

Incoraggia le conversazioni e aumenta il coinvolgimento attraverso varie piattaforme come un'altra strategia per creare una comunità per il tuo marchio. I social media sono uno strumento davvero potente e un metodo fantastico per comunicare con i fan della tua azienda. Per far crescere la comunità, puoi eseguire sondaggi e concorsi o distribuire una newsletter settimanale o mensile agli abbonati e-mail. Potrebbero tenersi informati su tutto ciò che accade nella tua azienda divertendosi anche in questo modo.

Immagina un quartiere come un albero .
Perché l'albero cresca, devi piantare i semi e
prenderti cura delle radici ogni giorno. I semi
appassiranno senza alcuna cura o acqua.

Le comunità online esistono da un po' di
tempo. Tuttavia, manca un riferimento
definitivo sulla procedura passo-passo per
ridimensionare ed espandere una comunità.

Ci sono informazioni ovunque, ma fino ad
oggi nessuno ha veramente lasciato i fagioli
su come sviluppare una comunità.

Ci sono diversi fattori che contribuiscono alla
creazione di una community di successo, tra
cui la selezione della piattaforma migliore, il
reclutamento dei pochi membri iniziali,
l'organizzazione di eventi e la moderazione.
Abbiamo tutto coperto.

È semplice riferirsi erroneamente a YouTube solo come a un sito Web che ospita video credendo che si tratti esclusivamente di video.

Non sarebbe corretto vedere YouTube attraverso un simile obiettivo, soprattutto se si desidera creare una community.

Devi tenere presente che mentre le persone possono visitare YouTube per i contenuti, spesso tornano su un particolare canale YouTube in via di sviluppo per il senso di comunità e connessione se vuoi avere successo nella creazione di una community di social media sulla piattaforma.

Analogamente a come faresti su qualsiasi altra piattaforma di social media, è spesso possibile valutare questo senso di comunità e connessione osservando l'interazione piuttosto che le visualizzazioni.

Perché le comunità virtuali dovrebbero essere preferite ai social network

Le persone si stanno allontanando dai social network come Facebook per una serie di motivi, tra cui la diffusione di notizie false e incitamento all'odio, problemi di privacy e stanchezza pubblicitaria.

Le aziende intelligenti hanno preso atto di questo sviluppo e hanno sviluppato comunità esclusive in cui gli utenti possono interagire in un ambiente sicuro e costruire relazioni più profonde. Numerose aziende hanno addirittura smesso di utilizzare Face book per la loro pubblicità, come Levi's e Hershey's, sottolineando la tendenza all'allontanamento dai social network.

In effetti, numerose ricerche dimostrano che le comunità online possono fornire alle aziende un notevole vantaggio competitivo. Il lancio della loro rete ha aiutato l'azienda di utensili elettrici DEWALT a risparmiare 6 milioni di dollari in spese di ricerca.

Perché creare una comunità di marca?

Puoi avanzare in tanti modi con l'aiuto di una comunità di marchi. È il segreto di un marketing efficace, prima di tutto. I membri non solo aiutano a spargere la voce, ma forniscono anche alla tua narrazione un tocco umano. Danno alla comunità un tocco personale e dimostrano agli altri che anche loro possono farne parte.

In secondo luogo, ottieni accesso immediato alle persone che contano davvero: il tuo mercato di riferimento. La community del tuo marchio può essere utilizzata per testare nuovi beni o servizi, ottenere feedback sui concetti di design e fare scelte più istruite e incentrate sul cliente.

È fondamentale tenere presente che esiste già una comunità per il tuo marchio da qualche parte.

Determina i tuoi obiettivi.

Devi creare obiettivi per tutta la tua attività, non solo per SEO, contenuti o social media, nella speranza che tu sia stufo di sentirmelo ripetere a questo punto. Questi obiettivi fungono da pietre angolari della strategia e della direzione della tua azienda (non solo in termini di marketing o coinvolgimento della comunità).

Puoi fissare obiettivi grandi e audaci per la tua attività che sono più visionari, oltre a obiettivi di progetto a breve termine più gestibili che hai in mente per creare cose, costruire cose e in generale fare cose che ti piacerebbe. Combina i due. Puoi organizzare e dare priorità a queste attività quando arrivi alla sezione in cui stai creando la tua strategia.

Come posso pubblicizzarlo?

Tratta la tua comunità come faresti con qualsiasi altro prodotto e crea una tabella di marcia per miglioramenti futuri.

Credo fermamente nell'utilizzo della capacità delle comunità di promuovere un sentimento di comunità e incoraggiare la condivisione. Pertanto, credo sia fondamentale mantenerlo al centro della creazione di una comunità. Le persone sono più inclini a diffondere la notizia e reclutare persone per la tua causa se sentono di appartenere.

Ad esempio, una volta ho prestato servizio come volontario con Techs tars come organizzatore e facilitatore globale, ospitando o facilitando i fine settimana di avvio in tutto il mondo. Il mio interesse iniziale per le aziende e la tecnologia è nato dalla partecipazione al mio primo Startup Weekend anni fa.

Mantenere la loro partecipazione è fondamentale dopo aver membri nella tua comunità online . Questo può assumere molte forme diverse e dipenderà anche dalle motivazioni del singolo membro per voler partecipare ed essere un membro attivo. La base di un'efficace gestione della comunità online in un contesto di ricerca è fornire ai tuoi membri un'ampia gamma di attività. Tutte queste azioni risalgono all'obiettivo che hai per il quartiere e ai tuoi progetti di ricerca più ampi. Stai facendo sondaggi che i membri devono completare al centro. Uno dei metodi più semplici per coinvolgere i tuoi membri è attraverso questo.

Usa i social media.

A tutti noi piace interagire con individui simili e l'accessibilità e la portata dei social media ci hanno permesso di localizzare le nostre tribù sia a livello nazionale che all'estero. Inoltre, sei ansioso di interagire con il materiale di qualcuno quando ti connetti con loro.

I genitori possono seguire l'un l'altro per le loro storie divertenti e consigli genitoriali. Gli amanti del fitness condividono i loro piani di allenamento e i produttori di abbigliamento preferiti. I buongustai consigliano ristoranti e condividono deliziose ricette con altri appassionati di cibo. L'elenco continua.

I social media sono la piattaforma ideale per creare una comunità forte perché gli utenti sono già coinvolti con queste sottoculture lì. Quindi, adattati a dove si trova il tuo pubblico.

La qualità deve precedere la quantità

Creare una serie di standard di qualità e rispettarli. Sebbene possa rallentare l'espansione della comunità, farlo sarà nell'interesse di tutti. Inoltre, favorirà un senso di esclusività. Puoi utilizzare frequentemente il fattore qualità come supporto per la promozione della tua comunità. Naturalmente, questo significa che ogni tanto dovrai dire di no. Se ciò accade, sii educato e spiega la tua decisione in dettaglio. L'impostazione e il mantenimento degli standard di qualità sono una componente essenziale della nostra offerta di servizi e per i consulenti della nostra comunità, dato che operiamo nel settore della consulenza.

Utilizzare gli ambasciatori del marchio

Senza superare il budget, gli ambasciatori del marchio possono generare tanta pubblicità per la tua azienda quanto gli influencer. Il tuo marchio può ricevere milioni di impressioni gratuite grazie ai contenuti generati dagli utenti che i tuoi devoti follower possono fornire, il tutto espandendo notevolmente la tua community. Ai consumatori di oggi piace interagire e promuovere le loro aziende preferite sui social media. Inoltre, i programmatori ambasciatori consentono ai tuoi più ardenti sostenitori di promuovere la tua attività e i tuoi articoli per tuo conto. Questi clienti devoti ottengono spesso vantaggi come un kit di benvenuto di prodotti di marca, l'opportunità di pubblicare le loro recensioni sui social media e la possibilità di organizzare lotterie. In cambio, aiutano la tua azienda a crescere.

Aumenta il lifetime value di ogni cliente

Nell'era odierna delle organizzazioni incentrate sul cliente, il successo di un'azienda dipende fortemente dalla sua capacità di fidelizzare i clienti.

Molte aziende credono ancora che alzarsi e parlare con il cliente tramite e-mail aumenterebbe la fedeltà. Quando in realtà costruire connessioni autentiche basate sulla fiducia è ciò che riguarda la lealtà.

Le comunità virtuali private incoraggiano connessioni positive tra colleghi e marchi.

I clienti possono influenzare il percorso dell'azienda attraverso le comunità dei clienti scambiando opinioni e pensieri su beni e servizi. Questo rafforza il tuo rapporto con loro e aumenta la loro fedeltà trasformandoli in alleati e componenti fondamentali della tua azienda.

Considera le piattaforme corrette

Trovare le migliori piattaforme per implementare il tuo piano può essere fatto dopo averne creato le basi. Ci sono diverse opzioni disponibili qui, tra cui:

I social media sono il luogo migliore per creare una community di brand, sia che tu utilizzi il tuo profilo di brand o crei un gruppo. Puoi condividere rapidamente contenuti generati dagli utenti e dal marchio, avviare conversazioni e diffondere un buzz generale nella comunità con il potenziale per un'enorme portata.

Premi e segnalazioni: incoraggia la fedeltà offrendo premi come punti per gli acquisti o offerte e sconti esclusivi per i membri. Dare un incentivo economico per ogni referenza fatta è un altro modo per promuovere la crescita della comunità.

Eseguire ogni azione nel passaggio.

Inizia a lavorare sul tuo piano ora che è stato scritto. Assicurati che il monitoraggio e la misurazione appropriati siano in atto in modo da poter ottenere informazioni sui tuoi KPI. Quindi attieniti al tuo piano e agisci in modo coerente. Le persone del tuo team (e di altri team) continueranno a contattarti con idee che sembrano emergere ma che in realtà non fanno parte del piano. Questa è la tua occasione per dire loro di "controllare gli obiettivi, piccola" (così come la strategia che hai sviluppato per arrivarci). Ci saranno situazioni (situazioni urgenti) che potrebbero richiedere di cambiare il tuo piano d'azione.

Aziende che eccellono nel coinvolgimento della comunità

Anche se non ho visto molte aziende creare community guidate in particolare da product manager, ne ho viste diverse che sono eccellenti nel connettersi con i propri fan in vari modi.

La parola "comunità" oggigiorno ha una vasta gamma di significati. Ad esempio, classifico podcast, blog e forum di discussione come comunità online. Come i tradizionali gruppi di persona, incoraggiano l'interazione, stimolano il dialogo, motivano l'azione e promuovono la condivisione.

Qui ci sono diverse aziende che hanno sviluppato comunità fantastiche, ognuna delle quali adattata alle preferenze e alle richieste del proprio pubblico:

La fase successiva di un piano di gestione della comunità online consiste nel continuare a far crescere la tua comunità . Hai stabilito una comunità e hai forti livelli di coinvolgimento. Aumentare il numero di membri ti garantirà di ascoltare sempre nuove idee dai membri. Manterrà la tua comunità viva e attiva e impedirà che diventi obsoleta nel tempo. Anche le comunità di maggior successo sperimentano periodi di logoramento in cui devono ricostruire la propria comunità e portare nuovi membri. Per assicurarti di continuare a ottenere le conoscenze di cui hai bisogno per il tuo studio, è fondamentale continuare con questo e includerlo nel tuo piano per la gestione della tua comunità online.

Parla la lingua della tua comunità

Ogni comunità ha un membro fondatore. Dovresti essere il miglior cittadino del tuo quartiere. Non sarai in grado di comprendere le loro richieste e fornire loro servizi genuini a valore aggiunto se non capisci come agiscono, pensano e sentono i potenziali membri della comunità. Data la mia esperienza come consulente indipendente, creare una rete di loro è stato notevolmente più semplice. Sono stato in grado di comprendere molto bene le difficoltà di essere un consulente e di aggiungere le mie esperienze ai dialoghi.

Ogni comunità è ovviamente unica e la sua gestione deve adattarsi in modo appropriato, ma non importa che tipo di comunità desideri creare, devi imparare la loro lingua.

Per un ulteriore controllo, utilizza le piattaforme della community con marchio. La prima cosa che viene in mente quando le persone pensano di creare una comunità online è utilizzare le piattaforme dei social media come piattaforma; tuttavia, hanno una serie di limitazioni, motivo per cui è preferibile utilizzare piattaforme di community brandizzate. Sebbene siano gratuiti e offrano i vantaggi delle ricerche tra servizi, i servizi di social network come LinkedIn e Facebook non ti danno il controllo completo sul sito Web, il che significa che pubblicità e altri messaggi possono diventare una distrazione. Le piattaforme di comunità di marca, come Thinfic, sono gestite completamente dai suoi proprietari, che hanno il pieno controllo su branding, accesso e pubblicazione di contenuti. Inoltre, le piattaforme di marca non hanno le distrazioni comuni su quelle gratuite.

www.ingramcontent.com/pod-product-compliance
Lightning Source LLC
Chambersburg PA
CBHW071049220526
45467CB00004B/1749